AZOLAN,
OU
LE SERMENT INDISCRET,
BALLET-HÉROÏQUE EN TROIS ACTES;

REPRÉSENTÉ, *POUR LA PREMIÈRE FOIS,* PAR L'ACADEMIE-ROYALE *DE MUSIQUE,*
Le Mardi 15 Novembre 1774.

Tant d'honneurs & tant d'opulence,
N'étaient rien sans un peu d'amour.

Conte d'Azolan, par M. de Voltaire.

PRIX XXX. SOLS.

AUX DÉPENS DE L'ACADÉMIE.
A PARIS, Chés DELORMEL, Imprimeur de ladite Académie, rue du Foin, à l'Image Sainte Genevieve.
On trouvera des Exemplaires du Poeme à la Salle de l'Opera.

M. DCC. LXXIV.
AVEC APPROBATION ET PRIVILEGE DU ROI.

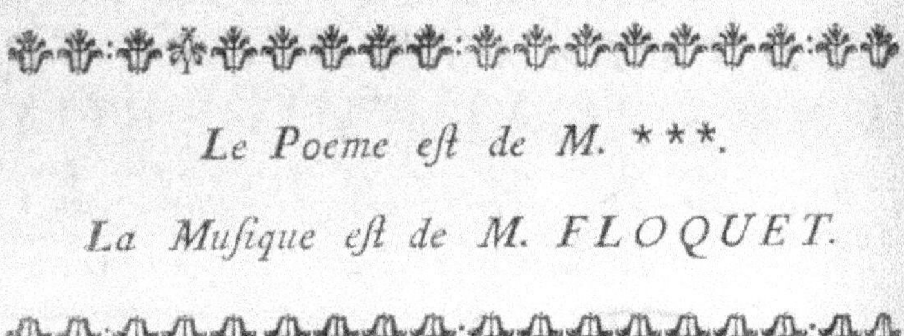

*Le Poeme est de M. ***.*

La Musique est de M. FLOQUET.

ACTEURS ET ACTRICES
CHANTANTS DANS LES CHŒURS.

CÔTÉ DU ROI.		CÔTÉ DE LA REINE	
Mesdemoiselles.	*Messieurs.*	*Mesdemoiselles.*	*Messieurs.*
Garrus.	Cailteau.	le Bourgeois.	Candeille.
la Guerre.	Héri.	d'Agée.	Vatelin.
de Laurette.	Lagier.	Chenais.	l'Écuyer.
Fontenet.	Van-Hecke.	de l'Or.	Tourcati.
d'Hautrive.	*Martin.*	des Rosières.	Ghuiot.
Veron.	le Grand.	de Merei.	Capoi.
Renard.	Boi.	Denis , l.	Méon.
Rouxelin.	Huet.	Thaunar	Beghaim.
du Fresnoi.	Itasse.	St. Lavau.	Cleret.
de Ponjot.	Parant, c.		Tacusset.
	Jouve.		Baillon.
	Patoulet.		de Lori.
			Fagnan.

ACTEURS.

ALCINDOR, *Roi des génies, & protecteur d'*AZOLAN,	M. l'Arrivée.
AZOLAN, *jeune homme, sans parens, & élevé par ceux d'*AGATINE,	M. le Gros.
L'AMOUR, *déguisé sous les traits & les habits d'*HYLAS, *jeune berger, ami d'*AZOLAN *& d'*AGATINE,	Mlle. Rozalie.
AGATINE, *jeune bergere*,	Mlle. Beaumesnil.
PALÉMON, *vieux berger, parent d'*AGATINE,	M. Beauvalet.

PRÊTRES *de la* FORTUNE.

Deux CORIPHÉES, *Prêtres de la* FORTUNE.

Plusieurs GÉNIES, *transformés en Démons.*

GÉNIES *élémentaires, de la Suite d'*ALCINDOR.

GARDES *du temple de la Fortune.*

*La Scéne est en Grece, dans le village d'*AZOLAN.

PERSONNAGES DANSANTS

ACTE PREMIER.

PREMIER DIVERTISSEMENT.

PEUPLES de différentes Nations.

M. GARDEL, c.

M. GIROUX, Mlle. JULIE.

AMÉRICAINS. Mrs. le Roi, 1er., Roiſſi, Pladix, Petit.

POLONOIS. Mrs. Aubri, Lieſſe, du Chaiſne, des Bordes.

SCITHES... Mrs. Rivet, Dangui, Henri, Huart.

ASIATIQUES.

Mlle. DORIVAL.

Mlle. Rôſé, Martin, Jonveau, Felmé, le Houx, du Parc, St. Ouin, Verteuil, du Meſnil, Adrienne, Belletour, du Bauchet.

SECOND DIVERTISSEMENT.

VILLAGEOIS & VILLAGEOISES.

M. D'AUBERVAL, Mlle. PESLIN.

M. MALTER, Mlle. COMPAIN.

M^rs^. Caſter, Doſſion, Giguet, le Roi, 2e., Barré, Simonin, Hennequin, c., l'Argillière, Duſſel, Guillet, Fontaine, du Pré.

Mlles. Auberte, Renard, Villette, Eſter, Henriette, Thiſte, du Holan, Fanfan, du Val, du Mont, du Pin, Huet.

ACTE SECOND.

ARIANE.

Mlle. GUIMARD.

AMOURS.

M[rs]. Fontenet, Elize, Victoire; Constance, Michelot, Clergé, Guénet, Blondin, Therese, du Pin.

BACCHUS.

M. VESTRIS.

Suite de BACCHUS.

M. VESTRIS, fils.

Mrs. LEGER, ABRAHAM.

M[rs]. Huart, Henri, Hennequin, l., du Chaisne, Rivet, Dangui, Petit, Trupti, Laval, des Bordes, le Breton, le Doux.

BACCHANTES.

Mlles. D'ELFEVRE, DU BOIS.

Mlles. Adeline, Rosé, Jonveau, Martin, le Houx, Adrienne, St Ouin, du Parc, Felmé, Lolotte, Belletour, Durville.

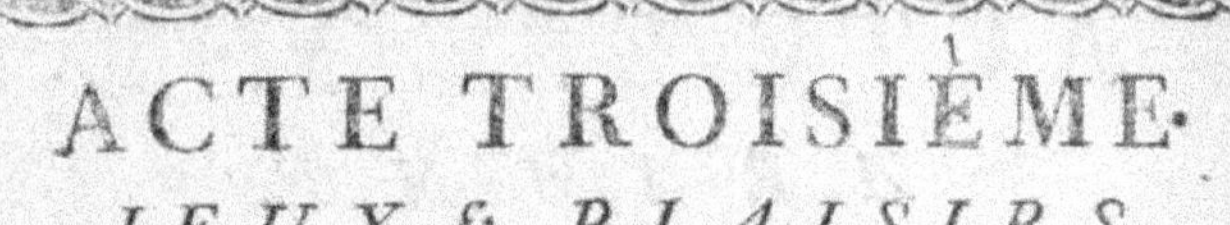

ACTE TROISIÉME.

JEUX & PLAISIRS.

M. GARDEL, l.

Mlle. HEINEL.

Mrs. LEGER, ABRAHAM.

Mlles. D'ELFEVRE, DU BOIS.

Mrs. Doſſion, Caſter, Guillet, Rufflé, Huart, Dangui, Hennequin, l. Petit, du Chaiſne, Laval, Pladix, le Bel.

Mlles. Adeline, du Meſnil, Gravel, des Gravières, Auberte, Renard, le Houx, Verteuil, Belletour, Huet, Fanfan, Durville.

PASTRES & PASTOURELLES.

M. D'AUBERVAL, Mlle. PESLIN.

M. Simonin, Mlle. Julie.

M. Giroux, Mlle. Pérolle.

Mrs. Giguet, le Roi, 2., Barré, Hennequin, c., Duſſel, l'Argillière, du Pré, Fontaine.

Mlles. Henriette, du Val, du Pin, du Mont, Villette, Thiſte, Théodoſe, Eſther.

AZOLAN

AZOLAN,

OU

LE SERMENT INDISCRET,

BALLET-HÉROÏQUE

EN TROIS ACTES.

ACTE PREMIER.

(*Le théâtre représente la chambre d'*AZOLAN, *où rien n'annonce le faste & l'opulence.*

Sur une des aîles est un petit pavillon, sous lequel AZOLAN *paraît endormi.*

Une symphonie douce & mélodieuse précede son réveil.)

La scène commence au lever de l'aurore.

SCÈNE PREMIÈRE.

AZOLAN, seul.

(*Il sort du pavillon, & se promène quelque tems avec le regret d'un homme qui faisait un beau songe, que le réveil a détruit.*)

DOUX sommeil revenés encore,
Je vous dois mes momens heureux :
Envain les chants des oiseaux amoureux
Me réveillent avec l'aurore :
Quels sont donc mes desirs ? Tout devrait en ces lieux
Charmer l'ennui qui me dévore,
Et rien n'y satisfait mes vœux.

Doux sommeil, revenés encore.

O toi, dont je chéris & révérai toujours
La puissance infinie,
Généreux Alcindor ! favorable génie !
Ah ! ne devrais-je pas, par ton heureux secours,
Joüir au printems de mes jours
Des biens qui sont le charme de la vie ?

(*Symphonie bruyante. Le théâtre s'obscurcit.*)

Mais quelle épaisse nuit vient obscurcir ces lieux ?

Quel bruit ? … Quels éclats de tonnerre ? …
Ciel ! … aurais-je formé de téméraires vœux ? …
Auraient-ils d'Alcindor allumé la colère ?

(*Des nuages enflâmés remplissent toute la chambre d'*AZOLAN *: du milieu de ces nuages, qui cachent le fond du théâtre & qui s'entr'ouvrent, on voit* ALCINDOR *descendre d'un thrône brillant : dès que le Génie est descendu, le trône disparaît, les nuages remontent insensiblement, & laissent voir un temple magnifique, consacré à la Fortune.*)

C'est lui-même.

SCÊNE II.

ALCINDOR, AZOLAN.

ALCINDOR.

AZolan, dissipe ton effroi :
J'ai connu ton zele pour moi,
Et je viens t'en donner la juste récompense.

AZOLAN.

Génie, égal aux dieux, quelle reconnaissance !....

ALCINDOR.

Vois tout ce que mon art a déjà fait pour toi.

(*Le théâtre représente le temple de la Fortune.*)

AZOLAN.

Où suis-je ?

ALCINDOR.

Dans un temple où tout suivra ta loi.

C'eſt dans ces lieux que la Fortune
Reçoit l'hommage des mortels :
Par une faveur peu commune
Tu vas y préſider au ſoin de ſes autels.

AZOLAN.

De la félicité tout m'offre ici l'image.

ALCINDOR, lui remettant ſon ſceptre.

Que de notre amitié ce ſceptre ſoit le gage :
Par lui dans ce ſéjour tout préviendra tes vœux.

AZOLAN.

Pour mériter des dons ſi précieux....

ALCINDOR.

Goûte en paix l'heureux avantage
De voir à tes pieds l'univers ;
Mais apprens à quel prix ces dons te ſont offerts.

L'Amour règne en tyran dans un cœur qu'il enflâme :
Sous ſes funeſtes loix on n'eſt jamais heureux.
Pour jouïr de mes dons, il faut braver ſa flâme
Et t'affranchir de ſon pouvoir affreux.
L'Amour règne en tyran dans un cœur qu'il enflâme.
De mes jours fortunés il a troublé la paix :
Il a livré mon cœur à d'éternels regrèts:

C'eſt peu d'en défendre ton âme,
Fuis d'un ſexe léger les dangereux attraits.

AZOLAN.

J'ignore ſi l'Amour a d'agréables chaînes,
Ou s'il trouble notre bonheur;
Je n'ai jamais connu ſes plaiſirs ni ſes peines;
Mais j'en défendrai bien mon cœur.

ALCINDOR.

Penſes-tu que l'Amour ſoit ſi peu redoutable,
Et qu'on puiſſe braver ſon pouvoir aiſément?

AZOLAN.

Je vous dois cet effort: & je m'en ſens capable.

ALCINDOR.

Tu promèts tout aveuglément,
Pour mériter le ſort que mon art te deſtine:

AZOLAN.

Ah! croyés que mon cœur....

ALCINDOR.

Et la jeune Agatine?

AZOLAN.

Blâmés-vous l'amitié qui nous unit tous deux?
Ses parens prirent ſoin d'élever mon enfance.

ALCINDOR.

Je ne m'oppôse point à ta reconnaîſſance ;
Mais crains de t'engager dans de funeſtes nœuds.

AZOLAN.

Tout vous répond de mon obéiſſance.

ALCINDOR.

Pour m'en aſſûrer encor mieux,
Par un ſerment inviolable
Ôſe t'engager....

AZOLAN.

Oui, j'en atteſte les cieux,
Oui, je jure à l'Amour une haîne implacable.

ALCINDOR.

C'en eſt aſſés. Ton ſort eſt dans tes mains.

DUO DIALOGUÉ.

ALCINDOR. { Dans une heureuſe indifférence,
Jouïs de tes brillans deſtins.

AZOLAN. { Mes jours, filés par l'innocence,
Seront toujours purs & ſereins :

ALCINDOR. { Mais ſi, trompant mon eſpérance,
Et peu ſenſible à mes bienfaits....

AZOLAN. Ne craignés point mon inconſtance:
Je n'aimerai jamais.

ALCINDOR. Tu connais ma puiſſance,

AZOLAN. Je perdrais vos bienfaits.

ENSEMBLE.

AZOLAN.
Rendés-moi ma triſte exiſtence
Si je trahis jamais
Le ferment que je fais:
Tonnés: *lancés ſur* moi les traits
De la plus affreuſe vengeance.

ALCINDOR.
L'Enfer ſecondant ma puiſſance,
Je t'accâblerai ſous les traits
De ma haîne & de ma vengeance,
Si tu trahis jamais
Le ferment que tu fais.

(*Prélude de la marche des peuples qui entrent dans le temple de la Fortune.*)

SCÊNE

SCÈNE III.

ALCINDOR, AZOLAN, PRÊTRES *de la Fortune*; PEUPLES *de differentes nations*, *composés d'*ASIATIQUES, *de* SCYTHES, *d'*AMÉRICAINS, & *d'*EUROPÉENS POLONAIS.

Deux Coriphées, PRÊTRES *de la Fortune.*

ALCINDOR, à AZOLAN.

J'ai rempli tes desirs : vois les effèts flatteurs
Du serment qui t'engage.
On vient de la déèsse implorer les faveurs;
Des plus profonds respects on va t'offrir l'hommage.

(*On danse.*)

(*Marche des Peuples.*)

ALCINDOR aux Prêtres & aux Peuples, en leur présentant AZOLAN.

Peuples, que la Fortune attire dans ces lieux,
Célébrés un mortel que chérissent les dieux.
Sur lui seul désormais que votre espoir se fonde :
La Fortune l'élève au premier rang du monde :
Chantés son destin glorieux.

LE CHŒUR.

Célébrons un mortel, *&c.*

(*On danse.*)

ALCINDOR.

Le ſoin de l'univers
En d'autres lieux m'appelle :
Je pars, aſſûré de ton zele :
Mais ſonge que ſur toi j'aurai les yeux ouverts.

AZOLAN.

Ah ! tout vous garantit, après des dons ſi chers,
Ma reconnaiſſance éternelle.

(*ALCINDOR ſort : les Peuples le ſuivent.*)

SCÈNE IV.

AZOLAN, PRÊTRES DE LA FORTUNE.

AZOLAN.

Est-ce une illusion ?...contentés-vous, mes yeux !...
De quels biens enchanteurs j'obtiens la jouïssance !...
Né parmi les bergers de ces paisibles lieux....
Que ne sont-ils témoins de mon sort glorieux !...

(*Après un moment de réflexion.*)

Cédons à mon impatience....
Sceptre.... don précieux !
Prouve-moi ta puissance ;
Dans ce temple, à l'instant, offre-les à mes vœux.

SCÈNE V.

AZOLAN, PRÊTRES DE LA FORTUNE, AGATINE, PALÉMON, VILLAGEOIS & VILLAGEOISES, PAYSANS & PAYSANNES.

LE CHŒUR.

NOus quittons pour toi nos bocages,
Nous venons prendre part à ta félicité.

AGATINE & PALÉMON.

La Fortune n'eſt point l'objet de nos hommages :
Nous ne redoutons rien de ſa légereté.

LE CHŒUR.

Nous quittons, &c.

PALÉMON.

Élevé parmi nous, ton bonheur eſt le nôtre :
Loin de toi les ſoucis, les maux & le chagrin.

AGATINE.

Puiſſiés-vous, ſatisfait de votre heureux deſtin,
N'en deſirer jamais un autre.

LE CHŒUR.

Nous quittons, &c.

(*On danſe.*)

AZOLAN.

Bergers, pour moi vos vœux ont un charme flatteur.

PALÉMON.

Avec transport nous t'en offrons l'hommage.

AZOLAN.

Agatine, le vôtre ajoute à mon bonheur.

(*à* PALÉMON.)

Je ne vois point Hylas....

PALÉMON.

Il n'est pas au bocage.

AZOLAN à AGATINE.

Hylas, ainsi que vous, est bien cher à mon cœur :
De mes brillans destins vantés lui la douceur.

AGATINE.

D'Alcindor, dans ces dons, je reconnais l'ouvrage.

AZOLAN à AGATINE.

Daignés en accepter quelquefois le partage :
L'amitié nous unit dès nos plus tendres ans :

Obliger, rendre heureux des cœurs reconnaissans,
Des biens dont on jouit, c'est annoblir l'usage.

AGATINE.

Azolan, je rends grâce à vos soins bienfaisans.

La Fortune aveugle & légere
N'obtiendra jamais mon encens:
Le ciel m'a fait naître bergere,
J'en dois chérir les sentimens.
Je vois votre sort sans envie;
Puisse-t-il combler vos desirs!
Mais croyés qu'on peut dans la vie
Goûter de plus parfaits plaisirs.

Il est, pour une âme sensible,
Un don mille fois plus flatteur:
Un bien, qui nous rend tout possible,
Et nous conduit au vrai bonheur.
Par lui tout prend un nouvel être:
Tout cede à son charme vainqueur;
Un jour vous pourrés le connaître;....
Mais c'est le secret de mon cœur.

AZOLAN, *à part.*

Dieux!... quel trouble vient me surprendre!
(*haut, à* AGATINE.)
Agatine, cessons d'interrompre les jeux....

AZOLAN.

Bergers, pour moi vos vœux ont un charme flatteur.

PALÉMON.

Avec transport nous t'en offrons l'hommage.

AZOLAN.

Agatine, le vôtre ajoute à mon bonheur.

(*à* PALÉMON.)

Je ne vois point *Hylas*....

PALÉMON.

Il n'est pas au bocage.

AZOLAN à AGATINE.

Hylas, ainsi que vous, est bien cher à mon cœur :
De mes brillans destins vantés lui la douceur.

AGATINE.

D'Alcindor, dans ces dons, je reconnais l'ouvrage.

AZOLAN à AGATINE.

Daignés en accepter quelquefois le partage :
L'amitié nous unit dès nos plus tendres ans :

LE CHŒUR.

Ah ! qu'Azolan eſt malheureux,
S'il craint que l'Amour ne l'enflâme.
Ah ! qu'il eſt malheureux !

(*Les* VILLAGEOIS *&* VILLAGEOISES *ſortent en chantant à demi-voix, le* CHŒUR *ci-deſſus qui diminue à meſure qu'ils s'éloignent.*)

FIN DU PREMIER ACTE.

ACTE

J'aime à vous voir .... à vous entendre ....
Mais il eſt pour mon cœur....des ſecrèts dangereux...
Qu'il ne m'eſt pas permis d'apprendre.

(On danſe.)

(Pendant ce divertiſſement, AZOLAN ſort, ſans qu'AGATINE s'en apperçoive : les Prêtres ſuivent AZOLAN.)

AGATINE à PALÉMON.

Azolan n'eſt plus dans ces lieux.
Les honneurs l'ont changé.

PALÉMON.

Quelle froideur extrême ?
Il ne cherche qu'Hylas : c'eſt Hylas ſeul qu'il aime.

(Les VILLAGEOIS & VILLAGEOISES ſe raſſemblent autour de PALÉMON & d'AGATINE.)

AGATINE.

Quels ſont donc pour ſon cœur ces ſecrèts dangereux?

PALÉMON.

Avés-vous remarqué le trouble de ſon âme ?

AGATINE.

S'il fuit l'Amour ; s'il craint ſa flâme ;
Ah ! qu'il eſt malheureux !

En l'éclairant ſur ſon erreur extrême
Faiſons-le repentir d'un frivole ſerment.
Agatine paraît : éprouvons ſa tendreſſe.

SCÈNE II.

L'AMOUR, AGATINE.

AGATINE, à l'AMOUR qu'elle prend pour HYLAS.

AZolan, cher Hylas, eſt comblé de richeſſe.

L'AMOUR.

Nos bergers m'ont appris cet heureux changement :
Mais, ſi je les en crois, un ſombre ennui le preſſe :

AGATINE.

Vous ſavés, à ſon ſort, combien je m'intéreſſe.
(*En ſoûpirant.*)
Ah ! que ſon cœur eſt différent du mien !

L'AMOUR.

Vous l'aimés.

AGATINE.

Cher Hylas, je ne vous cache rien.

Nous ſortions à peine de l'enfance,
L'amitié nous offrit ſes liens :

ACTE SECOND.

*(Le théâtre repréſente l'endroit le plus ſolitaire du village d'*AZOLAN.

Dans le fond on voit une partie de ſon Palais qui tient au temple de la Fortune.)

SCÈNE PREMIÈRE.

*L'AMOUR ſeul, ſous les traits & les habits d'*HYLAS*, berger ami d'*AZOLAN *& d'*AGATINE.

CACHONS ici l'Amour aux regards curieux.
Pour ſervir Azolan j'abandonne les cieux :
J'ai pris les traits d'Hylas, qu'il conſulte & qu'il aime :
Trompons ſes yeux ſous ce déguiſement.

Quand un tendre amour nous enflâme,
Le cœur change-t-il à son gré ?
Eh ! comment bannir de son âme
Le souvenir d'un amant adoré ?

Pour former, &c.

L'AMOUR, à part.

Je triomphe : son âme est tendre !
(*haut.*)
Azolan veut me voir : il doit ici se rendre :
Laissés-moi lire dans son cœur :
Et croyés que l'Amour veille à votre bonheur...

Il vient : éloignés-vous & comptés sur mon zele.
(*Elle sort.*)

SCÊNE III.

L'AMOUR, AZOLAN.

AZOLAN, à l'AMOUR qu'il prend pour HYLAS.

Est-ce toi, cher Hylas ? ami tendre & fidele !

L'AMOUR.

De tes brillans destins que mon cœur est flatté ?

Dans ces tems de calme & d'innocence
Mes plaisirs étaient toujours les siens.
On se fait une douce habitude
D'un penchant qui flate nos desirs :
Ah ! ugés de mon inquiétude
S'il fallait étouffer mes soûpirs.

L'*AMOUR.*

Le veritable amour se plaît dans la constance.
Mais pouvés-vous encor conserver l'espérance
De triompher d'un cœur qui n'est qu'ambitieux ?

AGATINE, *vivement.*

Azolan ne l'est pas : (*avec tristesse*) on a trompé ses vœux :
Son cœur est fait pour la tendresse.

L'*AMOUR.*

Oubliés un ingrat : un amour sans espoir
N'est qu'une ennuyeuse faiblesse.

AGATINE, *vivement.*

L'oublier ! ... cet effort n'est pas en mon pouvoir.

Pour former une aimable chaîne,
Il ne faut qu'un moment heureux :
Il en coûte bien plus de peine
Lorsqu'on veut en brîser les nœuds.

L'AMOUR.

D'Agatine en ces lieux
Tu me parlais sans-cesse :
Se peut-il que pour elle oubliant ta tendresse...

AZOLAN, vivement & avec ingénuité.

Arrête... à l'amitié nous bornons tous nos vœux.

Ce qui me plaît dans Agatine,
C'est le vif éclat de son teint :
J'aime ses yeux, où sans dessein
La gaieté sourit & badine :
J'admire l'ouvrage des dieux
Dans sa taille élégante & fine ;
Mais mon cœur,... non, mon cœur n'en est point amoureux.

L'AMOUR.

Tu crois ne pas l'aimer : eh la peindrais tu mieux,
Si le plus tendre amour te prêtait son langage ?

AZOLAN, avec le plus grand trouble.

Quoi mon cœur ?... ah ! brisons le lien qui m'engage:
Je ne la verrai plus.

L'AMOUR, avec fermeté.

Quel barbare pouvoir
Ôse ainsi commander aux desirs de ton âme ?...

AZOLAN, vivement.

Des honneurs qu'on me rend, de ma grandeur nouvelle,
Hylas, plus que jamais tu me vois enchanté.

L'AMOUR.

Azolan, Azolan, ton âme en jouït-elle ?

AZOLAN.

Ami, rien n'eſt égal à ma félicité.

L'AMOUR, ironiquement.

Pour rendre ton bonheur durable ;
L'Amour t'appelle ſous ſes loix.
Il ne te reſte plus qu'à faire un heureux choix ;
Unis à tes deſtins une compagne aimable.

Pour rendre ton bonheur durable,
L'Amour t'appelle ſous ſes loix.

AZOLAN, vivement.

Non, non, jamais l'Amour n'obtiendra mon hommage.

L'AMOUR.

Tu ne veux pas aimer, & tu te crois heureux !

AZOLAN.

En aimant, l'eſt-on davantage ?

L'AMOUR.

Sortés du ténébreux rivage,
Tendres cœurs que l'Amour enchaîna sous sa loi;
Des amours de Bacchus retracés-nous l'image.

AZOLAN.

Tu me perds, & je crains...

L'AMOUR.

Ta crainte est un outrage.

(*Le théâtre change; il représente l'isle de Naxos. On voit un vaisseau dans l'éloignement. Sur la droite est une grotte creusée dans les rochers qui bordent la mer.*

SCÈNE IV.

BACCHUS ET ARIANE,

BALLET EN ACTION.

(*AZOLAN & l'AMOUR sont sur le devant du théâtre.*)

SCÉNE

AZOLAN.

Ah ! j'en crois Alcindor : quand l'Amour nous enflâme,
Il nous rend malheureux ; il trahit notre espoir.

L'*AMOUR.*

Alcindor a trompé ta crédule jeunesse :
Au bonheur des mortels l'Amour veille sans-cèsse.
Faut-il pour t'en convaincre un exemple éclatant ?
Daigne me confier ce sceptre un seul instant.

AZOLAN.

Ce sceptre ?...

L'*AMOUR.*

J'en connois le prix & l'avantage.
Pour dessiller tes yeux, laisse m'en faire usage,
Je le puis...

AZOLAN.

Que veux-tu ?...

L'*AMOUR.*

Te servir, malgré toi ;
(*Il prend le sceptre d'*AZOLAN.)
Donne...

AZOLAN.

N'augmente pas mon trouble & mon effroi.

SCÈNE III.

(*Marche & entrée triomphante de* BACCHUS, *porté par une troupe d'*EGYPANS. *Il est précédé par ses Guerriers, portans en triomphe les trophées des Rois Indiens qu'il a vaincus, & qu'il traîne enchaînés à sa suite. Il est suivi par une troupe de* BACCHANTES, *& par les* PEUPLES *de l'Isle qui ferment la marche.*)

LE *CHŒUR.*

AH ! quel jour heureux !
Divin Bacchus, comble nos vœux :
Règne sur nous dans ces lieux :
Tes exploits glorieux
Vont t'admettre au rang des dieux
Dans les cieux.
Que l'Amour
A son tour,
Enchante dans ces lieux charmans
Tes momens.
Règne ; fais nous goûter en paix
Tes bienfaits.

Dans le sein d'un doux repos,
Jouïs de tes travaux,

SCÈNE PREMIÈRE.

(*ARIANE seule. Elle ſort de la grotte les cheveux épars. Elle cherche THESÉE qu'elle ſoupçonne de l'avoir abandonnée pour fuir avec PHEDRE qu'il aime : elle apperçoit ſon vaiſſeau en pleine mer : elle appelle envain THÉSÉE, & ſe livrant au plus violent déſeſpoir, elle veut ſe précipiter dans la mer.*)

SCÈNE II.

(*Il en ſort une Troupe d'AMOURS qui la reçoivent dans leurs bras, & qui s'oppôſent au deſſein funeſte de la Princeſſe ; ils s'emprèſſent à la conſoler ; leurs danſes ſont interrompues par le CHŒUR ſuivant qu'on entend dans l'éloignement.*)

CHŒUR, *qu'on entend & qu'on ne voit pas.*

DAns ces lieux à Bacchus élevons des autels :
Conſacrons dans nos chants ſes exploits immortels.

(*Les AMOURS ſe retirent dans la grotte ; ils emmenent ARIANE avec eux.*)

SCÈNE V.

L'AMOUR, AZOLAN.

L'AMOUR, à Azolan, qui paraît plongé dans la plus grande rêverie.

CEt exemple frappant, à tes regards offert,
Te fait-il voir l'Amour comme un Dieu redoutable?

(Il lui remet son sceptre.)

AZOLAN, avec le ton du trouble & de l'embarras.

Épargne un malheureux que le remords accable,
Et qui voit sous ses pas un abîme entr'ouvert.

L'AMOUR.

Eh! quel crime à tes yeux te rend donc si coupable?

AZOLAN.

Séduit par les dons d'Alcindor...
Ah!.. j'ai fait à l'Amour une cruelle injure...

L'AMOUR.

Que dis-tu?.. quel soupçon?..

Enchaîne Mars & Bellone.
Viens, au gré de nos desirs,
Voir la main des plaisirs
Former ici ta couronne :
Consacrons à-jamais tes exploits ;
Le bonheur des sujèts fait la gloire des rois.
Répétons, cent & cent fois,
Règne ; fais nous goûter en paix
Tes bienfaits.

SCÈNE IV.

(Les AMOURS *reviennent se mêler à la fête. Ils présentent* ARIANE *à* BACCHUS, *qui marque la plus grande surprise de la beauté de la Princesse. Les* AMOURS *veulent enchaîner* BACCHUS *: les Guerriers s'y oppôsent. L'amour de la gloire paraissant l'emporter dans le cœur du jeune héros sur l'amour des plaisirs, il rassemble ses Guerriers, & veut s'éloigner ; mais dans le moment où il marque à la Princesse tout le regret qu'il a de la quitter, un des* AMOURS *le blesse ;* BACCHUS *tombe aux pieds d'*ARIANE *& de l'*AMOUR *; ses Guerriers imitent son exemple, ils s'unissent avec les Bacchantes, & après le ballet qui finit par un divertissement général, tout disparaît, & le théâtre reprend sa première forme.)*

Dont mon cœur aurait pu jouïr.
Agatine hélas ! m'eſt ravie ! . .

Ah ! ſi par mon ferment l'Amour eſt outragé,
Par mes juſtes regrèts il n'eſt que trop vengé.

L'AMOUR.

Calme ce déſeſpoir : ton ferment eſt un crime :
Tu dois t'en affranchir.

AZOLAN, avec le ton du plus violent déſeſpoir.

Non : je le remplirai.
Mon deſtin eſt affreux ; mais je le ſubirai,
Dûſſé-je en être la victime.

L'AMOUR.

Azolan, ſi les Dieux
T'ont fait un cœur ſenſible,
Crois-tu qu'il te ſera poſſible
De renoncer à ce don précieux ?

Enflâmé vainement, & tourmenté ſans-ceſſe
Par des deſirs, chaque jour renaiſſans,
Dans le ſein des grandeurs tu verras ta jeuneſſe
Se flétrir ſous le poids des remords dévorans.

AZOLAN.

Tel eſt mon triſte ſort...

Que je ne puis aimer... ſans devenir parjure...

L'AMOUR.

Par un fatal ſerment te ſerais-tu lié?..

AZOLAN.

Trompé par mes deſirs, j'ai tout ſacrifié
Au ſort brillant qu'on me deſtine.
Tout ce que j'éprouvais pour l'aimable Agatine
Je le croyais l'effet de ma tendre amitié;
Trompé par mes deſirs j'ai tout ſacrifié.

L'AMOUR.

Qu'as-tu fait, malheureux?

AZOLAN, vivement.

Le tourment de ma vie.

Ah! ſi par mon ſerment l'Amour eſt outragé,
Par mes juſtes regrèts il n'eſt que trop vengé.
Agatine, hélas! m'eſt ravie:
Des mains du tendre Amour je pouvais la tenir:
Et je perds le ſeul bien, le ſeul digne d'envie,

SCÈNE VI.

AGATINE, L'AMOUR, AZOLAN.

AGATINE, à AZOLAN.

ARrêtés... ôſés-vous en ce jour,
Parjure à vos ſermens, vous livrer à l'Amour.

AZOLAN.

Moi parjure!..

AGATINE, vivement.

Azolan, il n'eſt plus tems de feindre,
Alcindor vous pourſuit: je ſais tout: je l'ai vu.

AZOLAN, à HYLAS.

Le perfide!...

AGATINE.

Jugés par mon cœur éperdu
Des maux que vous avés à craindre.

L'AMOUR à AZOLAN.

Eh que peut contre toi le courroux d'Alcindor?

Quelle

AZOLAN, après un moment de ſilence, & regardant attentivement HYLAS.

Eſt-ce un dieu, cher Hylas, qui t'inſpire & t'anime ?
Tu parles. . . mon cœur change:... une brûlante ardeur
Pâſſe dans tous mes ſens... ce que ta bouche exprime
Se grave, en traits de feu, dans le fond de mon cœur...
Oui, je ſens que l'Amour eſt le bonheur ſuprême. . .
Dût ce coupable aveu me perdre en ce moment. . .
Agatine eſt l'objet de ma tendreſſe extrême.

(*Elle paraît dans le fond du théâtre, & témoigne la plus grande frayeur.*)

Viens me voir à ſes pieds abjurer mon ſerment.
J'immole tout à ce que j'aime.

Viens Hylas.

(*Il veut ſortir avec* HYLAS, AGATINE *l'arrête.*)

Si vous retranchés de ma vie
Tout ce qui doit en faire la douceur ?

AGATINE.

Pourquoi faut-il, hélas ! qu'un ferment téméraire !..

AZOLAN.

Ma raifon le condamne & l'amour le dément.
Ah ! fi ma bouche a pu le faire
Mon cœur l'abjure en ce moment.

(*Il fe jette aux pieds d'*Agatine, *qui l'en empêche.*)

AGATINE.

Azolan, quel efpoir dans votre âme peut naître?
Oubliés-vous qu'invifible en ces lieux,
Alcindor vous entend, peut-être ?
La rage eft dans fon cœur, la foudre eft dans fes yeux.

L'AMOUR.

Agatine. . .

AGATINE, interrompant Hylas *vivement.*

Ceffés d'allarmer ma tendreffe
Par vos confeils pernicieux.

L'AMOUR, à Agatine.

Vous foupçonnés mon zèle ? .. Azolan je te laiffe.
J'ai tout fait pour te rendre heureux.

(*à Agatine.*)

Quelle vaine terreur de votre âme s'empare ?

(*à Azolan.*)

Cèsse de redouter les fureurs d'un barbare.

AGATINE, à Hylas.

Hylas ! dieux, vos conseils le livrent à la mort !
Cruel ! n'ajoutés point à mon inquiétude :
Azolan, le parjure est un crime odieux ;
Mais songés que l'ingratitude
En est un cent fois plus affreux.

AZOLAN.

ne suis point ingrat.

L'AMOUR.

Vous l'aimés, Agatine ;
Verrés-vous son sort sans pitié ?

AGATINE.

Que peut pour Azolan ma stérile amitié :
Ah ! laissés-le jouïr des biens qu'on lui destine.

AZOLAN.

'Amour est le dieu de mon cœur :
uels biens peuvent me faire envie,

SCÈNE VII.

AGATINE, AZOLAN.

AZOLAN.

HYlas ! . .

AGATINE.

Il vous perdra par son perfide zele.

AZOLAN.

Ne lui reprochés rien : c'est vous seule, cruelle !
Qui me forcés à me perdre en ce jour.

(*Il jette loin de lui le sceptre que lui a donné* ALCINDOR.)

Allés, gage odieux d'une amitié funeste. . .

AGATINE.

O ciel ! que faites-vous ?

AZOLAN.

J'immole à mon amour
Des dons affreux, que je déteste.

(*Le théâtre s'obscurcit totalement. On entend un bruit sourd semblable à celui qui précede les tremblemens de terre.*)

AZOLAN.

Oui, ma tendre amitié te doit cette juſtice.

L'AMOUR, *à* AGATINE *qui fait un geſte d'impatience.*

Je ne dis plus qu'un mot. (*à* AZOLAN) Songe qu'en
cet inſtant
Il eſt peut-être encore un dernier ſacrifice
D'où dépend ton repos ; & que l'Amour attend.

(*Il ſort.*)

Ébranlons le monde
Dans ſes fondemens.
Que l'enfer ſeconde
Nos enchantemens.
Qu'ici tout réponde
A notre fureur.
Le tonnerre gronde,
Quel eſpoir flatteur !
La foudre s'allume :
Son feu dévorant
Ravage & conſume
Ce Palais brûlant.

(*Vers le milieu de ce Chœur, pluſieurs* GÉNIES *deſcendent du ceintre avec des torches allumées : ils mettent le feu au Palais d'*AZOLAN *: une pluie de feu acheve d'enflâmer l'Edifice qui s'écroule totalement : les* GÉNIES *entraînent* AZOLAN *&* AGATINE.

FIN DU SECOND ACTE.

ACTE TROISIÉME.

(*Le théâtre représente une solitude affreuse, qui aboutit à une vaste & obscure caverne, d'où l'on voit sortir* AGATINE.

Le théâtre est faiblement éclairé.

SCÈNE PREMIÈRE.

AGATINE *seule.*

OÙ vais-je?.. où suis-je?.. o ciel! quelle est ma destinée?...
Dans quel affreux séjour me vois-je abandonnée?....

Azolan!... Azolan!... cher objet de mes vœux!...
Viens calmer ma frayeur mortelle.

Azolan! ... Azolan!... o dieux!...
Je n'entends que l'écho fidele,
Répéter, loin de moi, mes accens douloureux.

Rendés-moi l'amant que j'adore,
Tyrans jaloux, qui me l'avés ravi?

A ses loix, pour jamais, mon cœur est asservi:
Son malheur à mes yeux le rend plus cher encore.

Rendés-moi, *&c....*

Vain espoir!... Je succombe à ma peine cruelle:
Azolan!... Azolan!... o dieux...
Je n'entends que l'écho fidele,
Répéter, loin de moi, mes accens douloureux.

SCÊNE

SCÊNE II.

AZOLAN, AGATINE.

AZOLAN, dans le fond du théâtre.

J'Entends des ſons plaintifs.... avançons.... dieux! c'eſt elle.
C'eſt Agatine?

AGATINE.

Ah, mon eſpoir renaît!
L'horreur de ces déſerts à mes yeux diſparaît.

AZOLAN.

Je vous vois...ſans les maux que mon amour vous cauſe
Je jouïrais du deſtin le plus doux.

AGATINE.

Au bonheur de nos jours votre ferment s'oppôſe:
Vous voyés les dangers où l'amour nous expôſe,
Il faut vous rendre heureux: Azolan, m'aimés-vous?

AZOLAN.

Pouvés-vous en douter, ſans outrager ma flâme?

AGATINE.

Fléchiſſés Alcindor: que nos cœurs allarmés...

AZOLAN, avec indignation.

A cet effort je contraindrais mon âme ? ...

AGATINE, tendrement.

Et c'eſt ainſi que vous m'aimés ?

AZOLAN avec chaleur.

N'exigés pas que je fléchiſſe
L'auteur de mon cruel tourment :
Je renonce à ſes dons : ils feraient mon ſupplice,
Et l'Amour, pour jamais, a rompu mon ſerment.

AGATINE, vivement.

Non, je ne reçois point cet affreux ſacrifice ;
Non, je ne rendrai point mon amant malheureux :
L'Amour ſur vos dangers ne ferme point mes yeux ;
Je dois vous arrêter au bord du précipice.

Non, je ne rendrai point mon amant malheureux ;
Non, je ne reçois point cet affreux ſacrifice.

AZOLAN.

Vous obéir, vous plaire eſt mon premier devoir ;
Mais calmés ces vaines allarmes.

AGATINE.

Prouvés-moi donc, cruël, en cédant à mes larmes,
Que j'ai ſur vous quelque pouvoir ?

AZOLAN.

L'Amour me donne à peine un nouvel être,
Par le bonheur qu'on goûte en vous aimant;
L'Amour, par vous, m'apprend à le connaître,
A le chérir comme un dieu bienfaisant:
Et vous voulés que je vous sacrifie,
Que je renonce au sort le plus charmant!
C'est l'Amour seul qui m'attache à la vie:
Qui de nous deux aime plus tendrement?

AGATINE.

Ainsi votre péril n'a rien qui vous étonne?
Et bravant d'Alcindor la haîne & les fureurs!...

AZOLAN.

Dans ces funestes lieux que l'horreur environne,
Je gémis de vous voir partager mes malheurs.

AGATINE.

Qu'importe à ma tendresse extrême,
Qu'on enchaîne nos pas dans ce triste séjour?
L'azile où je pourrai voir en paix ce que j'aime,
Sera pour moi le temple de l'Amour.

AZOLAN.

Quel bruit! dieux! ſous mes pas je ſens trembler la terre!

(*La terre s'ouvre dans pluſieurs endroits : on voit ſortir de tous côtés des torrens de feux.*)

AGATINE.

Elle s'ouvre!... quels feux! prêts à nous dévorer...

(*Au milieu d'un bruit terrible, on entend un grand coup de tonnerre.*)

AZOLAN.

Quel horrible éclat de tonnerre!

AGATINE.

Nous touchons au moment qui va nous ſéparer.

AZOLAN.

Implacable Génie.. ah! ſuſpens ta colere.

AGATINE.

Il n'eſt plus tems de l'implorer.

Duo.

Amour, venge-nous d'un barbare:
Souffriras-tu qu'on nous ſépare?

Exauce, Amour, mes { premiers / tendres } vœux.

Ou ſi ta rigueur nous raſſemble
Pour nous immoler enſemble,
Que le même tombeau nous uniſſe tous deux.

(*La tempête recommence ; la terre vomit de nouvelles flâmes.*)

AGATINE.

Le bruit a redoublé....

AZOLAN.

C'eſt Alcindor, o dieux!

(*ALCINDOR ſort du centre de la terre, au milieu des flâmes qu'elle vomit encore : AGATINE ſe précipite dans les bras d'AZOLAN, qui la raſſure par l'air ferme & tranquille avec lequel il regarde le Génie.*)

SCÈNE III.

ALCINDOR, AGATINE, AZOLAN.

ALCINDOR.

Azolan, eſt-ce ainſi que tu tiens ta promeſſe?
Crains-tu ſi peu l'effet de mon reſſentiment ?

AGATINE.

Ah ! fuyons, cher amant.

AZOLAN, à AGATINE.

Que votre crainte cèſſe.

(*Au* GÉNIE *avec fermeté.*)

Vous devés me punir ; j'ai trahi mon ferment ;
Mais lorſque vos bienfaits tromperent ma jeuneſſe,
J'ignorais de l'Amour le doux enchantement.
Quand je ſens tout le prix des traits dont il nous bleſſe,
Ah ! jugés ſi je dois balancer un moment
Entre Agatine & vos richeſſes.

ALCINDOR.

Rougis de me vanter tes honteuſes faibleſſes :
Tremble du ſort affreux qui s'apprête pour toi !

AGATINE.

Épargnés Azolan, ne puniſſés que moi.

TRIO DIALOGUÉ.

ALCINDOR. { Ton ſerment fut légitime,
Rien ne peut t'en affranchir :

AGATINE.. { Ma tendreſſe a fait le crime ;
Non, c'eſt moi qui dois périr.

AZOLAN.. { S'il vous faut une victime,
Non, c'eſt moi qu'il faut punir.

ENSEMBLE. { N'eſpéres pas me fléchir.
Non, c'eſt moi qu'il faut punir.
Non, c'eſt moi qui dois périr.

ALCINDOR. { Les droits du pouvoir ſuprême
Sont de punir les ingrats.

AZOLAN.. { S'il faut perdre ce que j'aime,
Frappés, hâtés mon trépas.

ENSEMBLE. {
Téméraire, vois l'abîme
Qui s'entr'ouvre ſous tes pas.

S'il vous faut une victime,
Frappés, hâtés mon trépas.

Ma tendreſſe a fait le crime,
Dieux ! ne l'en puniſſés pas.

ALCINDOR, à AZOLAN.

Profite des momens que ma bonté te laîsse.
L'Amour a vainement trouvé grâce à tes yeux.
Il en est tems encor : renonce à la tendresse ;
Et partage à ce prix mon destin glorieux.

AGATINE, à AZOLAN.

Serés-vous insensible à ma douleur mortelle ?

AZOLAN, fièrement au GÉNIE.

Le serment d'aimer une belle,
Est un serment sacré, comme on les fait aux dieux.
Agatine a le mien, & j'y serai fidele.
Vous m'offrés vainement de régner dans les cieux,
Je n'y veux pas régner sans elle.

ALCINDOR.

Eh bien ! tu m'as bravé pour la dernière fois :

Ministres de mon art, partagés mon injure.
Volés, vengés-moi d'un parjure :
Arrachés-lui l'objet dont son cœur a fait choix.

*AGATINE s'élance dans les bras d'*AZOLAN *& se met entre lui & le Génie.*

Azolan ....

AZOLAN.

AZOLAN.

Non jamais. . .

CHŒUR qu'on ne voit point.

Notre fureur eſt vaine.

ALCINDOR.

Qui peut vous empêcher d'accourir à ma voix ?

CHŒUR qu'on ne voit point.

Un pouvoir inconnu dans ces lieux nous enchaîne ;
On nous défend d'obéir à tes loix.

ALCINDOR, fièrement,

AZOLAN & AGATINE, à demi-voix.

Quelle puiſſance ſouveraine
S'oppôſe à ma vengeance, & me brave } en ce jour ?
S'oppôſe à ſes fureurs & nous ſert } en ce jour ?

(Symphonie mélodieuſe, pendant laquelle le théâtre change & repréſente le temple de l'AMOUR.

Ce Dieu eſt dans le fond, ſur un trône porté par des nuages brillans ; il eſt environné des GRACES & des PLAISIRS.

SCÊNE IV.

L'AMOUR, *suite de* L'AMOUR, ALCINDOR, AZOLAN, AGATINE.

L'AMOUR à ALCINDOR.

A Ce prodige heureux méconnois-tu l'Amour?

AGATINE & AZOLAN, à L'AMOUR.

Dieu bienfaisant! bonheur suprême!

AZOLAN.

Chere Agatine! Hylas n'a point trompé nos vœux.

L'AMOUR, descendu de son trône.

Pouvait-il te tromper en dessillant tes yeux?
Hylas était l'Amour lui-même.

ALCINDOR à part.

Dieux!

L'AMOUR, à AGATINE.

J'ai causé vos peines à regret :
(*à AZOLAN.*)
Mais j'ai dû te punir d'un serment indiscret.

(*au Génie*).
De ton art & du mien tu vois la difference.

ALCINDOR.

Je vois en toi l'objet que pourſuit ma vengeance;
Et pour qui j'ai ſouffert les maux les plus cruels :
Un dieu, fier & jaloux ; un tyran qui m'offenſe,
Et dont ma main voudrait renverſer les autels.
Heureux, ſi je pouvais détruire ta puiſſance
Sur le cœur des mortels :
Heureux, ſi je pouvais dans ma juſte vengeance,
Détruire à-jamais ta puiſſance
Et renverſer tes autels!

L'AMOUR.

N'impute qu'à toi ſeul les maux dont je t'accâble.

Sous mes loix un amant
Peut ſe faire aiſément
Un deſtin deſirable :
Mais tout dépend
Du ſoin qu'il prend
De ſe rendre aimable.

Amans, promts à vous enflâmer,
Retenés bien cet avis ſalutaire :

Il ne faut point d'art pour aimer ;
Mais il en faut beaucoup pour plaire.

ALCINDOR, à L'AMOUR.

Inſtruit par tes leçons, un nouveau jour m'éclaire :
Pardonne, Amour, ſois encor mon vainqueur.

Te combattre eſt une folie ;
Te fuir eſt une vaine erreur.
J'ai fait le malheur de ma vie ;
Puiſſé-je à tes conſeils en devoir la douceur.

Te combattre eſt une *folie* ;
Te fuir eſt une vaine erreur.
Je reconnais mes torts....

L'AMOUR.

Et l'Amour.... les oublie.

AGATINE, AZOLAN.
(à ALCINDOR.) (à L'AMOUR.)

Que l'inſtant fortuné qui vous réconcilie,
D'Agatine à-jamais } aſſûre le bonheur.
D'Azolan à-jamais }

ALCINDOR à AZOLAN.

C'eſt peu de t'affranchir du ſerment qui te lie :
Avec mon amitié, je te rends mes bienfaits.

AZOLAN au Génie.

Votre amitié me sera toujours chere ;
Mais souffrés qu'à vos dons, mon tendre cœur préfere
Ceux que l'Amour m'a faits.

AGATINE, à AZOLAN.

Fuyés de vains honneurs ; leur éclat importune.

L'AMOUR, à AZOLAN & à AGATINE.

Présidés dans mon temple au soin de mes autels ;
Faites chérir mes loix aux volages mortels :
Mes faveurs valent bien les dons de la Fortune.

ALCINDOR.

Peuples des élémens, vous qui formés ma cour,
Venés de ses bienfaits rendre grace à l'Amour.

(*Les Génies élémentaires paraîssent & s'unissent aux Grâces & aux Plaisirs de la suite de l'AMOUR.*)

(*On danse.*)

LE CHŒUR.

Chantons; qu'à nos concerts en ces lieux tout réponde :
Goûtons, dans une paix profonde,
Les plaisirs que l'Amour offre aux tendres amans :

Quel bonheur est plus pur ? Quels nœuds sont plus charmans ?
Qu'il triomphe : ses traits sont le bonheur du monde.

(*On danse.*)

AZOLAN.

Triomphe, Amour : règne, dieu du bonheur ;
Enflâme un tendre cœur,
Enchanté de tes chaînes.

Fortune, à mes yeux
Tes faveurs sont vaines :
Si tu fais les rois, l'Amour fait les dieux.

(*Un divertissement général termine le ballet.*)

FIN.

APPROBATION.

J'Ai lu, par ordre de Monseigneur le Garde des Sceaux, *AZOLAN, OU LE SERMENT INDISCRET*, Ballet-Héroïque : & je crois qu'on peut en permettre l'impression.

A Paris, ce 17 Septembre 1774.

MARIN.

www.ingramcontent.com/pod-product-compliance
Ingram Content Group UK Ltd.
Pitfield, Milton Keynes, MK11 3LW, UK
UKHW021313190726
13839UKWH00007B/1344

9 782329 243504